AF276159

LOS CAMINOS DE LA SANGRE

Noelia Pereyra Schets

COLECCIÓN ITES

LOS CAMINOS DE LA SANGRE

© Noelia Pereyra Schets
© Corrección: Isabel Caballero
© de esta edición: Olé Libros, 2025

ISBN: 979-13-87620-73-8
Depósito legal: V-2232-2025
Impreso en España

KALOSINI, S. L.
Grupo editorial olélibros
equipo@olelibros.com
www.olelibros.com

Dedicado a la niña y adolescente que fui.

Esta obra es también para mis hermanos,
Liz, Miguel, David y Esteban.

Agradezco a mi esposo por comprender la fisura
y a mi hijo por enseñarme todos los días a ser madre.

También agradezco a la poeta Laura García de Luca
por su sensibilidad y apoyo creativo.

Las madres humanas también se van, a veces.

BEGOÑA GÓMEZ URZAIZ

Parte 1

huele a pintura al óleo trazos brillantes
levemente inclinada mamá pinta
papá se ocupa del nido
a mamá le crecen plumas   alza el vuelo
en las ventanas pájaros de todos los colores
quedan estáticos

Nota: «Enseguida vuelvo, Lili», leo detrás del dibujo que me dio la abuela. La mujer garabateada tiene la mirada triste —«Ella pudo haber sido una gran artista», pienso—. Y sé que yo solo fui un eslabón de una larga cadena de abandonos.

dentro de un marco de ventana
discurre la vida
sin detenerse en el iris de los ojos infantiles
que observan y esperan

nada volverá a ser como antes
de que ella se haya ido

Nota: Pienso en cómo despertar a la niña que sigue dormida
en el alféizar.

primero fue el silencio
y después vino todo lo demás
el crujir de los muebles en la noche
la fiebre acelerando el pulso sin que llegara el paño húmedo
la calle llena de extraños ruidos
la galería tomada por las chinches
el baño demasiado lejos para una vejiga infantil
y entonces

las sábanas mojadas
los golpes la promesa imposible y los golpes otra vez
nada puede impedir que se escape la orina
y nada puede evitar que tiemble la tierra
pero siempre se puede tragar
la sal que se escapa de un párpado

primero fue el silencio
después el grito implosionando
el sarcasmo en las ventanas
y millones de ojos

Nota: Silencio. Para oír una imagen cruzando la casa vacía.

la forma ya no está
solo queda una silueta calada
una cabeza de muñeca
cabello por peinar pinturas
pájaros *rouge* buñuelos
manchas de rímel
un par de zapatos de tacón
canciones de cuna risas llanto
todo en una silueta

Nota: Solo quedan niños como bruma flotando en la ventana.

se ha ido sin nombrarme
como un cordero a punto del degüello
cierro los ojos y en mi garganta
se clava toda la indiferencia del mundo

Nota: El abandono se confunde con el destierro.

su ausencia me llama desde el tragaluz de la cocina
lavo los platos deshaciendo el silencio de la siesta
lo enjabono todo con la quimera imposible
de un regreso a casa y me revuelvo
no sé dónde es el hogar no sé quién se ha ido
no sé a quién espero

Nota: Y ahora, lejos de casa, de aquella ventana, aún sigo
aguardando algo.

nada
ningún recuerdo con el que mantener
su presencia inventada en la memoria
ningún gesto que se pueda repetir
cuando solo queden cenizas
ningún lugar donde conservar
las huellas del amor no ganado

Nota: Ningún mapa, ninguna guía, ningún camino, solo ese
hilo de sangre corriendo invisible por toda una existencia.

crepita el fuego
las manos de mi padre
llenan toda la ausencia con pan
y látigo
entro a la cocina respiro ceniza
veo el cuenco
dentro de él la masa madre crece
y soy la niña que amasa y espera
unas manos manchadas de pintura
recogiéndole el cabello

Nota: Los niños huérfanos se dan luz a sí mismos buscando de su propia herida, amamantarse.

alguien llama a la puerta
presiento su retorno cargado de pinturas
repito en mi cabeza la palabra por años silenciada
oigo nuestros nombres uno a uno convertirse en azúcar
y caer suaves sobre la leche tibia puesta en jarritos
sostengo el pan en la mano como si fuera un abrazo de prórroga
al fin podré descansar de tantos días sin afecto
de tanta ceniza sin decirse atascada en la garganta
de todas las tías que nunca fueron mi madre
pero la mayor de ellas abre la puerta

—¿qué buscas?
—a mis hijos
—aquí no tienes nada

y somos corderos puestos sobre la mesa

Nota: Ella fue la oveja perdida del rebaño que nunca la pudo
ni encontrar ni perdonar.

entre nosotros el viento lloraba
y ninguna palabra detuvo el llanto

Nota: Todo lo que quedó fue el desencuentro. Dos vías pa-
ralelas.

los años siguieron su camino
sin relojes de arena para girar una y otra vez
cambiamos de una plancha de carbón a una eléctrica
las aves que dejaste en las ventanas decoloraron
la vid envejeció junto con mi padre
pero el mundo   todo el mundo
continuó como si nada

Nota: Hay penas que duran más allá de la pena.

lo que no se ve está en todas partes
escondido entre las piedras y las uñas
en la humedad de unos zapatos de plástico
dentro de las grietas de una casa de adobe
en los nudos del cabello
lo que no se ve hierve con la sopa
se solapa en un cuaderno mal forrado
se pega a una ventana
y se sienta en la silla   vacía

Nota: Llevo un desierto en mis ojos y en mi puño una piedra.

lo que no se dice se oye
lo susurran miles de ojos
lo cuchichean en la escuela los pupitres
y en la siesta las lagartijas amarillas
y las víboras ciegas lo murmuran
y hay que tener un montón de silencio
para tapar el ruido que se amontona en las orejas

Nota: Como animales a la orilla de un río, siempre hay quienes beben del agua triste de los náufragos.

hay tanto ruido
carcomiendo su ausencia
que ya no puedo escuchar
su voz

Nota: No pregunto por mi madre, pregunto por el universo
entero.

trato de aprender el lenguaje de los pájaros
me quedo días frunciendo la boca e intentando producir un sonido
que los atraiga a mí
quiero examinar sus alas entender su necesidad de vuelo desvelar su plumaje
pasan los días de pronto un golpe seco trae uno de ellos a mis pies
indefenso boquea perturbado su corazón palpita junto con el mío
le hago masajitos en el pecho le doy aire lo empujo a volar
pero su cabeza cuelga de un lado a otro
se queda en silencio ya no se mueve ni respira
y sé que se ha ido tal como tú
pero de él tengo la certeza de su cuerpo brillante
enfriándose en mis manos

Nota: Entramos en un luto perenne, sin un cuerpo al cual sepultar.

mojamos con lágrimas el pan
y repartimos la tristeza en jarritos
se quemó el puchero en una olla
el gas estuvo a punto de matarnos
el sol derramó su amor inútil en la silla vacía
y nosotros hicimos de la risa ruido
empapados de una visión
apenas recordada ocupamos enseres
cargados con tu sombra
los lavamos mal una y otra vez y los guardamos todavía húmedos
después nos secamos las manos diminutas en el delantal
                                        [ensanchando las caderas
y mirando alrededor con la determinación
de los que aún no conocen nada de la vida
tan básicos como niños tan ingenuos como aves
sobrevivimos

Nota: No fue una simple tristeza, fue como un tumor arraigado en un órgano vital. Llevó un número vergonzoso de años y psicólogos entender que era necesario extirparla o aprender a habitar en ella.

cinco jarritos de acero
todos se ven se sienten y suenan igual cuando se chocan
todos queman todos están manchados por el líquido verde
del musgo que corroe y descansa en la ventana
mientras otro verde va sanando el golpe en la piel
y otro más oscuro distingue la achicoria que podemos comer del simple pasto
que les pertenece a los animales como las yeguas
y en la escuela hay también cientos de jarros de acero inoxidable
manchados de verde y ninguno tiene dueño
pero a todos nos pertenecen y no tenemos nada
pero sí cinco jarritos de acero

Nota: Donde fui no pude llevarme aquellos enseres, solo la memoria de lo común impregnada de espesura.

27

—cállate —le digo
ella no para de llorar
noche y día
ya no la llamo por su nombre
solo llorona
semanas meses años
toda la vida
ella llora
por ella y por mí

Nota: Su tristeza me hizo creer que de las dos era yo la más fuerte.

algunos niños nacen en las ventanas
abiertas de par en par
para poder ver cómo se dibuja en el horizonte
una silueta
algunos niños mueren en las ventanas
abiertas de par en par
para poder ver cómo se dibuja en el horizonte
una ausencia

Nota: Crecer detrás de una ventana: solo es una manera de
decir con mil maneras de interpretarse.

Parte 2

no hay defensa
solo dejaron caer semillas
en un suelo terriblemente fértil
listo
nadie puede devolver los brotes a la arena
ahora solo hay cielo y crecer estirando hojas
haciendo raíces de la propia sangre

Nota: Y ya no hay quien devuelva los hijos que crecen en la madre y pronto serán huérfanos.

desnudo desnuda
jugamos con la espuma del champú que adorna nuestras partes
frágiles distintos
señalas con el dedo te burlas de mi *cosa* y yo de la tuya que cuelga
y así entre risas sabemos que yo soy una chinita y tú un chango
esa noche papá decide separar nuestras camas

Nota: Después los días van muriendo, como partículas de arena
nos caen encima ensuciando cualquier promesa de retorno y ya
somos demasiado grandes para anhelar cobijo.

34

nuestra infancia se condensa
nos dividimos
nos precipitamos como menudas gotas
al día siguiente somos rocío sobre tierra baldía
y antes de que todo sea solo vapor
nos aliamos
vamos hacia lo ineludible de la vida como un río
transportando el peso de la sangre

Nota: ¿Cuánto pesa la estirpe en un niño?

vuelves de la viña con una cría de liebre
colgada de un dedo
rápido buscamos un gotero agua leche en polvo
—azuquita —dices
la liebrecilla succiona el biberón improvisado
te entran los nervios
—tomá vos serás la mamá —dices y me la entregas
yo la envuelvo en una sábana
—*pa* que esté calientita
y la acomodo como puedo panza arriba
para amamantarla al mediodía dormimos con la liebre
y cuando abrimos los ojos está muerta
—no fui suficiente buena mamá —digo
cavamos juntos un agujero
y enterramos la liebre con sábana y todo

años después sabemos que fue el azúcar
pero nunca supimos nada sobre otras cosas

Nota: Crecíamos y había crías por todas partes para jugar a
ser padres.

—yo sí tengo mamá
observo mi cuerpo desde arriba
todas mis partes se separan y soy y no soy a la vez
entonces oigo la sangre latiéndome en el pulso disgregado
y aun con rabia junto cada uno de mis pedacitos
y atravieso una y otra vez el patio de la escuela
hasta que comprendo —yo me tengo a mí misma—

Nota: La inocencia acaba cuando el mundo refleja lo que te falta.

—jesusito haz que vuelva por favor
ruego de rodillas al cristo ensangrentado en la pared
el silencio deshecho por el viento contra las ventanas
es para siempre la única respuesta

Nota: El fantasma desahuciado de nuestra niñez aún anda por la casa por si vuelves.

—¡quiero a mi mamá! —llora mi hermano
mi corazón de hermana mayor se encoge
después pintamos juntos una sombra alada con sangre de cordero
hacemos fuego en el centro del patio nos limpiamos las lágrimas
y los mocos y de un empujón
nos arrojamos mutuamente a una vida sin madre

Nota: Me pregunto si la infancia prescribe en algún momento.

se sacude el árbol
cae una hoja luego la segunda
la tercera la cuarta y la quinta se desprenden solas
las arrastra el viento se vuelven ocres
las pisotean los transeúntes las aplastan los vehículos
los perros intentan darles caza
lo que queda de ellas termina en un río y es como la vida
pero con sensación de muerte
una gaviota venida de lejos deja caer de su pico
que a lo lejos   el árbol crece nuevas hojas

Nota: No rehuir los bordes afilados puede llevar a la destrucción, pero hacerlo también.

la madre no es mía es de ella que se parece a mí
que lleva mi segundo nombre como primero
que de mis hoyuelos posee una copia
que tiene hermanos que llevan como primero
                    [el segundo nombre de mis hermanos
la madre no es mía ni nuestra
es de ellos y todos sonríen para la foto

Nota: Es tarde y abandono la utopía, solo queda la verdad y es tan cegadora su belleza que me mantengo con los ojos abiertos a pesar de todo.

no hay torta de cumpleaños
solo gelatina con los trocitos huérfanos de una manzana
la niña cumple doce y se ve reflejada en los cubitos translúcidos
se ve de cuatro de cinco de seis y así hasta los once
todas tienen el cabello despeinado las uñas roñosas
una falda demasiado grande

es solo un año más igual que los anteriores
                              [excepto porque ahora un saltamontes
adorna su cuello

Nota: Ver la vida pasar por tantas formas de hambre me destrozó hasta el punto en que necesité escribirla para unir las partes desperdigadas.

—yo tampoco fui buen papá —dices con tristeza
[y recoges el cadáver de la liebre

Nota: No hay manuales que expliquen cómo ser hijo de quien no sabe ser padre.

mi primer recuerdo de ti es tu ausencia
y que en una vez pierdo los dientes de leche tu voz y tu cara
me arranco a tijeretazos el pelo en la guardería
me quedo callada por años
de vez en cuando me hago cortes en la piel llega la sangre
después la vida es una autopista cumplo catorce bebo me enamoro
no creo ya en Dios

—¿y tu madre?
—murió cuando yo nací
—pobrecita —rápido regalo mi pureza
y dejo que el miedo me crezca en la boca como gramilla

es horrible pensar en hijos que no deseo

Nota: Fui por la vida carente, dando incluso lo que me faltaba.

tenía un nombre hasta ese día en que lo perdí
no fue de un momento a otro ni en cualquier parte
fue cerca del fogón atizando el fuego haciendo una pila de tortillas
en el lavadero entre la ropa sucia y los sabañones
fue creo en la pubertad volviendo a deshora del colegio
no sé el día preciso tal vez fue en primavera
me acuerdo del vello impertinente brotándome en el sobaco
y de que de la nada apareció un saltamontes furioso
                                    [y pasó por encima de mi hombro
directo a mi cara   lo esquivé como pude
pero en ese instante no sé cómo me convertí en *yegua*
y era el mismo nombre de mi madre

Nota: Son muy fáciles de confundir el amor y el odio.

qué parecidos son el golpe y la sangre
vienen encima y dentro
sin que uno lo pueda evitar
a veces traídos por una palabra
siempre partiendo en dos lo que antes era uno
y se reparten indiscriminadamente
por la cara por el cuerpo por las venas

¿será así también con la caricia?

Nota: La sangre hace al niño y el golpe lo deshace.

hay palabras nuevas en la boca de mi padre
parece que las saca del basural
mientras el humo le crece en el pecho
tal vez allí se amontonan como gusanos los vocablos crueles
el caso es que a hijos de puta le agrega basuras de mierda
y ya son tantas las palabras malas que lo habitan
que creo que necesita un exorcismo
de la mano de una madre
pero   ¿dónde se encuentra una?

Nota: Y yo ahora sé que era tristeza y no odio eso que emanaba de la boca y de las manos de mi padre, pero la niña aún no lo entiende.

dice a menudo que nos va a matar
y cada vez que lo dice por la noche aparece el saltamontes
se queda en la ventana hasta que me quedo dormida
entonces se mete en mis sueños
toma el tamaño de un hombre y su rostro
afila un machete y salta sobre mí
yo que no distingo el sueño de la realidad corro descalza
sobre piedras afiladas y me desangro
mientras huyo de alguna clase de muerte anunciada que no llega

Nota: El miedo insertado en las venas puede matar en cualquier momento durante toda la vida.

me mimetizo con el marco manchado de greda
y desgastado por la lluvia
me reflejo en los múltiples vidrios
y de uno paso a ser muchos saltamontes
miro a la niña que cruza el patio
cargada de cenizas
huele a retama y a humo
su cara teñida de hollín
salto
la niña se asusta corre escapa
del padre del látigo
del hambre asesinada a base de harina y de sal
de lo impredecible
en vano corre hacia la palabra que nadie pronuncia

al fin anochece
la sal se seca en su mejilla
la niña duerme y yo desde la ventana
solapado y tierno la vigilo

Nota: El mundo está plagado de insectos que atemorizan a niños.

me acuerdo del cabello arrancado
de las rodillas arrastradas por la tierra
de las palabras sinónimas y metafóricas que no entendía
                                [—ramera yegua puta—
de la piedra atascada en la garganta
del saltamontes mirándome fijo desde el marco
de la sangre chorreando sobre el hule
del chicotazo en las piernas
del moretón escondido debajo del guardapolvo
me acuerdo de la habitación mitad azul mitad amarillo pálido
y de lo que más me acuerdo es de que no estabas
ni en una fotografía

Nota: No hay nada más cruel que la orfandad de una lágrima infantil.

nos callamos la palabra que te nombra
en cambio nos referimos a ti por tu nombre de pila
como si fuese el de cualquiera
　—¿qué hará la fulana? —preguntamos con fingido desinterés
y es más fácil digerirlo todo
como cuando echamos azúcar al limón
nadie responde
pero después　　　　　　de todas formas nos arde la boca

Nota: Todo intento de conjurar tu fantasma fue en vano.

de cómo matar a una niña de cuatro
pinta aves coloridas en todas las ventanas
deja que te mire
hasta que tu espalda se le vuelva memoria
después prepara buñuelos
hazlo cantando
peina su cabello por la noche
y conviértete en humo
cuando esté dormida

Nota: Hay cosas que nunca se olvidan, como la primera y la última vez.

Parte 3

—dibuja a tu familia —dijeron
entonces en tu lugar pinté un gran pájaro

Nota: Hasta el vacío encuentra su llenura.

el lechal cuelga de un gancho
manchas de granate se esparcen por el suelo
tiene el tamaño de un niño
y hasta ayer jugábamos con él
hoy haremos de su sangre morcillas
—¿y qué de la nuestra?

Nota: Siempre cargaremos con los corderos que nos alimentaron.

pétalos cortados
en una fecha imprecisa de mil novecientos setenta y nueve
botados en el agua turbia de la supervivencia
—yo no pedí venir al mundo
—tampoco yo

Nota: La miro sonreír lejana y etérea como una pintura y no la culpo por no reconocer a la niña que dejó en el camino.

estéril como un desierto se propuso crecernos en el patio
cada uno en su propio tiesto junto a las hortensias
la tía Negra medía el agua y el abono —léase cariño y pan—
y medía cada puntada en los paños de las señoras para las que cosía
la tía contaba las monedas una y otra vez
ella madrugaba hervía puchero y sacaba cuentas
y entre mate y mate de la comisura de su boca brotaba un pobrecitos
que lo envolvía todo

Nota: Como esquejes fuimos lanzados a la soledad de nuestro propio espacio.

cabello despeinado mugre en las uñas
una falda grande que sostengo mientras camino descalza sobre arena y abrojo
inesperado un hilo rojo baja
por mis piernas hacia mis pies
y desde ahí todos los meses
rezo para que aquello que no sé lo que es desaparezca
hasta que la tía Gladys brusca dice
que ahora soy una mujer y —señalando su sexo— que por ahí salen los niños
papá se hace el sordo y yo me quedo muda

Nota: Es sorprendente lo que esconde una gota de sangre.

primera comunión ocho años blanco encaje
a pesar de las advertencias de mi tía Hortensia me tiro al suelo
intento arrancarles los lazos a las *ballerinas*
grito que los odio
porque no puedo gritar
que no haré la comunión sin mi madre

Nota: Nunca pude deshacerme de tu ausencia que lo llena todo.

—es para vos nena —oí como en un sueño y me quedé inmóvil
petrificada ante la fría belleza de ese rostro apenas conocido
después algo como una caricia rozó mi cabello
la abuela desapareció dejándome sola en la cocina
no bebí la leche
aquel vaso lucía inalcanzable a mis cuatro años
como la promesa que nadie hizo y que quedó flotando en el aire

Nota: A la abuela también se la tragó la tierra. Tal vez fuera un
pacto entre las mujeres de su clan, pero ahora todas sabemos que
las huellas de la sangre no se pueden borrar ni siquiera en la arena.

todas esas madres amontonándose
en la puerta del colegio
sé que ellas no son mi madre
pero yo soy hija de todas

Nota: Fue imposible olvidarlo. Hacer como si no fuese lo que era, llamarlo de alguna otra forma que no sonara a como suena el abandono.

decoloran aves pintadas hace toda una vida ayer
en las esquinas de los cristales esmerilados
que separan la galería de cemento del patio de greda
en la fotografía de la ventana
enseguida se multiplican rostros de niños y niñas
se parecen a mi padre a mi madre a mi tía a mi tío al abuelo a la abuela
se entremezclan se confunden se roban la boca se intercambian un ojo
comparten sangre y una taza y se sientan a esperar
en el bordillo toda una vida hoy

Nota: Entre las caras de las mujeres que bailan busco a mi madre.

—tía Rosa ¿dónde va la sangre?
—niña la sangre no va a ningún lugar se queda dando vueltas
una y otra vez
por un laberinto construido a propósito
            [para que solo se encuentre consigo misma

Nota: Me pregunto cuándo dejaré de buscarte para encontrarme.

como un cuenco de barro como el marco
        [de una ventana como un círculo trazado con carbón
en la pared como el hoyo de una canica como
el silencio de una garganta como la oscuridad en una cueva
inexplicable la solitud me abraza
y desde alguna claraboya una dulce voz dice mi nombre
y ciega voy hacia su vientre

Nota: La necesidad de una madre nunca nos abandona.

anduve descalza por la vida
y me perdí
entonces alguien dijo

—regresa por el camino de la sangre

Nota: Volé para conocerte, pero por alguna razón la niña no fue conmigo.

voy a ti
con la sombra alargada de la noche
me recuesto contra tu espalda
en posición fetal y espero tu abrazo
y el calor de tu pecho donde hierve leche desde hace siglos
—un cuentito por favor —imploro
siento tu calor de madre pero inexplicable el frío me atraviesa
entonces el día brutal entra por la ventana
y una noche más está rota por todas partes

Nota: La vida es un lienzo que se rompe por cualquier esquina.

abro la ventana estrecho tu mano fría y se quiebra
cae
como leche en polvo
inmediatamente pienso en saltar para recoger
tu leche o tu mano
—dame tu mano —me dices con voz de pájaro
pero no sé cómo dártela
porque no te veo—
¿de qué tienes miedo?
—preguntas— salta
y vayamos hacia las liebres
salto y hay un abismo
por suerte despierto

Nota: Me pregunto si todo el mundo lleva una niña adentro.

estoy segura de que hubo
una última caricia
depositada en el aire
pero no queda
más que un agujero
en el sitio donde
bullía la ternura

Nota: Lo insignificante es lo que ata misteriosamente a la existencia.

tengo una niña en la lengua
pronto va a decir algo
que es mejor no decir nunca
y tal vez hasta se ría
mientras se seca una lágrima
y regresa a mi garganta

Nota: Nunca supe guardar el secreto, era mejor ser una guacha que no ser nada.

miro atrás
vuelvo a la niña
que camina en el borde
de sus cuatro
y juntas
somos siempre

Nota: Tu ausencia fue todo lo que tuve de ti hasta que me
reencontré contigo y ya no tuve nada.

eres misterio brillo y bruma
en mi cabeza
y me diluyo
en los recuerdos
que no tengo de ti

Nota: Vertical y horizontal, lo huérfano ocupa todo el espacio.

te perdono porque no sabías
que tu grieta se convertiría en mi pozo
que tu silencio anudaría mi garganta
que tu espalda sería mi mural inconcluso
que tu leche sería mi sed alargada como una orilla de mar
que tus manos serían enredaderas en mi pelo
que tu marcha sería el muro que yo intentaría destruir a golpes de uña
hasta que brotara entre la roña la sangre

—¿y tú me perdonas este camino ensangrentado?

ÍNDICE